1913. Mai 20

(N° 299)

SUCCESSION HENRY DETOUCHE

Vente du Mardi 20 Mai 1913

HOTEL DROUOT — SALLE N° 11

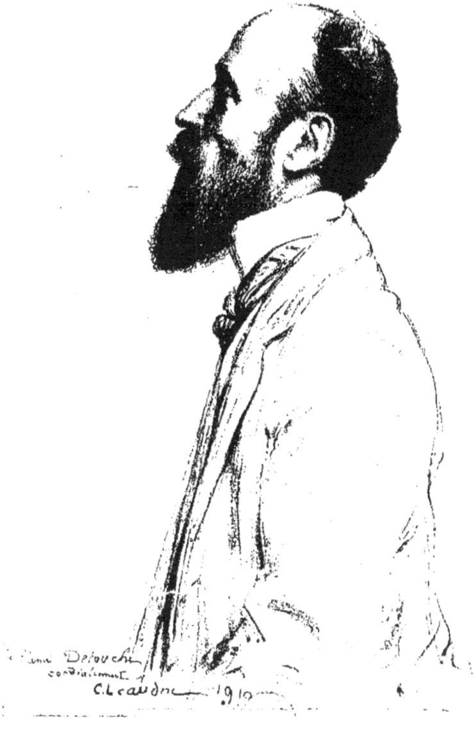

N° 2 du Catalogue.

ESTAMPES

DESSINS — LIVRES ILLUSTRÉS

MEUBLES

Me ANDRÉ COUTURIER

M. LOYS DELTEIL

EXPOSITION PUBLIQUE, HOTEL DROUOT, SALLE N° 11

Le Lundi 19 Mai 1913, de 2 heures à 6 heures

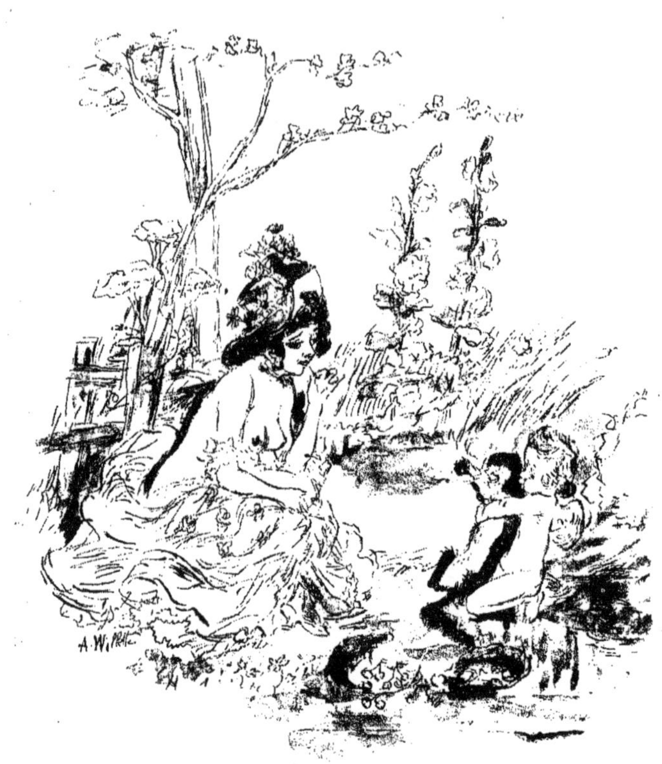

La Dinette

Menu : cerises, crème et Fraises, etc.

N° 53 du Catalogue.

CATALOGUE

DES

PASTELS, AQUARELLES

DESSINS, ESTAMPES

ET

LIVRES

PAR

HENRY DETOUCHE,

DES

DESSINS ET ESTAMPES

par

F. BUHOT, A. RASSENFOSSE, FÉLICIEN ROPS,
J. L. FORAIN, A. WILLETTE, etc.

et des

SIÈGES, MEUBLES, etc.

Formant la Succession de Feu HENRY DETOUCHE

Dont la vente aura lieu

à Paris, HOTEL DROUOT, Salle n° 11
Le Mardi 20 Mai 1913
à 2 heures précises

Par le Ministère de Me ANDRÉ COUTURIER
COMMISSAIRE-PRISEUR
56, *Rue de la Victoire*

Assisté de M. LOYS DELTEIL, Graveur et Expert
2. *Rue des Beaux-Arts*

CONDITIONS DE LA VENTE

Elle sera faite au comptant.

Les adjudicataires paieront *dix pour cent* en sus des enchères.

M. Loys Delteil remplira les commissions que voudront bien lui confier les amateurs ne pouvant y assister.

Exposition Particulière, 2, Rue des Beaux-Arts, *le Samedi 17 Mai 1913, de 2 heures à 6 heures.*

Exposition Publique, Hôtel Drouot, Salle N° 11, *le Lundi 19 Mai 1913, de 2 heures à 5 heures.*

Henri Detouche

Encore un Français, un Parisien de moins !...

Henri Detouche était aquafortiste de talent. Voyageur passionné, sensible infiniment aux grâces de la beauté féminine, il notait, au cours de ses voyages, ses impressions toutes pleines de charme et d'imprévu et il les exprimait par la gravure dans un caractère très-original.

C'est ainsi qu'il a laissé des types de femme espagnole étrangement curieux.

Ce délicieux artiste était un confrère précieux car excellent écrivain, il a lutté pour la liberté de l'art et a produit quelques petits livres charmants tels que "Les Propos d'un peintre", "Les grains du sablier".

Lors de notre première Exposition des Humoristes nous l'avions, pour qu'il en fît l'inauguration, élu centenaire!... à la vérité, cette plaisanterie était un voeu sincère qui nous a été cruellement refusé. En effet, pour la tradition de nos idées, de nos efforts et de nos travaux, la longévité ~~apparente~~ vraisemblable de Henry Detouche nous était nécessaire.

Cet artiste raffiné n'aimait que le succès des autres.

Et son inaltérable gaîté était un gage certain de la beauté de son âme.

A. Willette

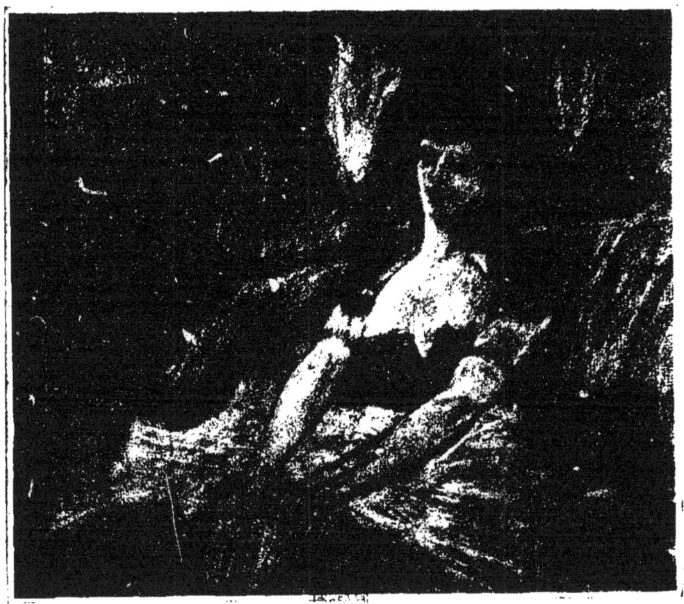

N° 40 du Catalogue.

DÉSIGNATION

1. Henry Detouche, par lui-même, 12 mars 1908. DESSIN au crayon noir.

1 *bis*. Henry Detouche, par lui-même, eau-forte. CUIVRE, DESSIN et 5 épreuves.

1 *ter*. Henry Detouche, par lui-même, lithographie, 8 épreuves.

2. Henry Detouche, par C. Léandre, 1910. Dix-huit épreuves.

3. Henry Detouche, par Arm. Rassenfosse, 3 épreuves annotées.

ŒUVRES

d'ARTISTES DIVERS

BUHOT (Félix)

4. L'Hiver à Paris (128). Très belle épreuve, *timbrée.*
5. Un Débarquement en Angleterre (130). Belle épreuve, *timbrée.*
6. Les Voisins de campagne (148). Très belle épreuve, *timbrée.*
7. Les Petites Chaumières (149). Très belle épreuve, *timbrée.*
8. Westminster Palace (155). Très belle épreuve, *timbrée.*
9. Westminster Bridge (156). Très belle épreuve, *timbrée.*
10. Seize épreuves et contre-épreuves diverses.

DELATRE (A. et E.)

11. Aug. Delatre, par Eug. Delatre — Eug. Delatre, par Rudinoff, 2 pl., *avec dédicace.*

DUPRESSOIR

12. Marine 1853. AQUARELLE signée, *dédicace.*

ECOLE FRANÇAISE DU XVIIIe SIÈCLE

13. Vingt pièces par ou d'apr. Fragonard, Huet, Demarteau, Challe, Prud'hon, etc. (manquent de conservation).

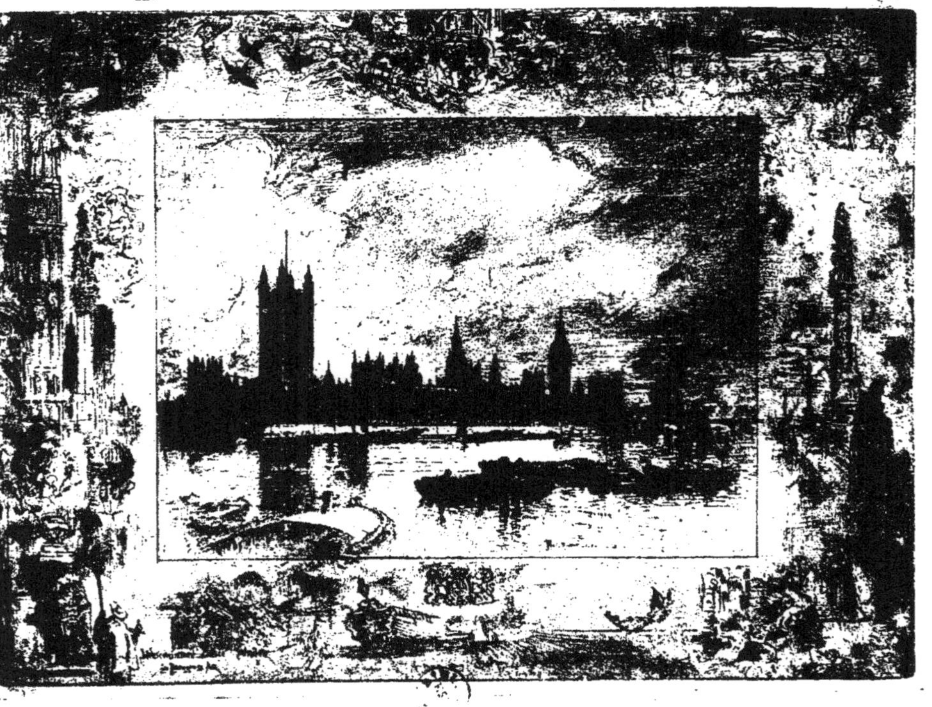

N° 8 du Catalogue

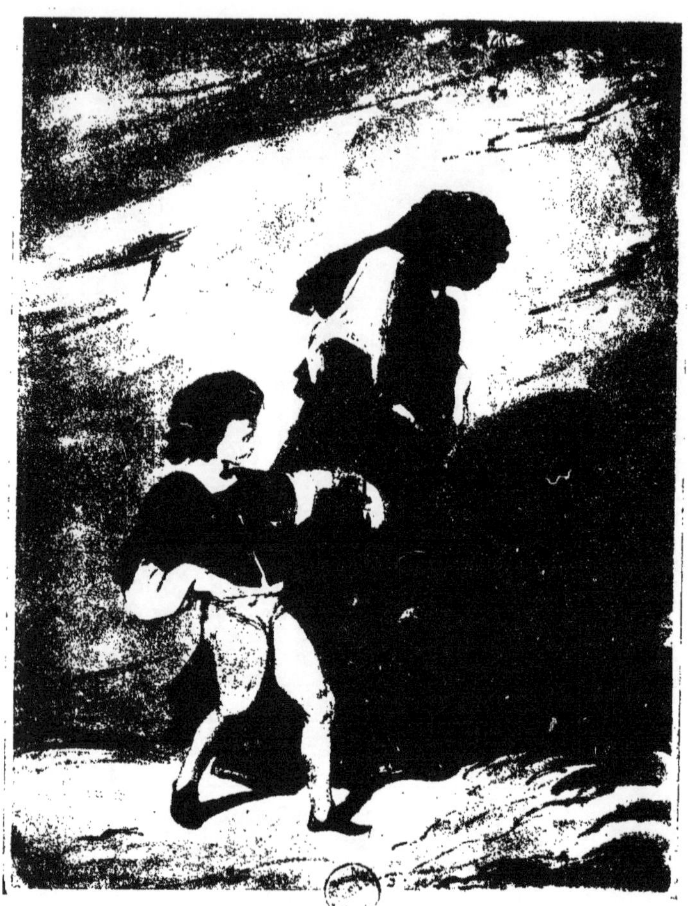

N° 19 du Catalogue.

EDELFELT (A.)

14. La dernière chanteuse des poèmes de Kalevala, épr. *avec dédicace*. Sous-verre.

ENSOR (James)

15. La Cathédrale. Très belle épreuve, *avec dédicace*.

JAPON

16. Trois estampes japonaises, par Outamaro, Kunisada et Shouzan, sous-verre.

17. Dix-huit albums japonais.

FORAIN (J.-L.)

18. Frontispice pour les "Ebats du Sagittaire". DESSIN à la plume. Dédicace. Encadré.

GAVARNI

19. Composition pour un Conte du Chanoine Schmid. Aquarelle.

RASSENFOSSE (Armand)

20. La Coquetterie, état — La Lyre — Au pays Wallon, 3 pièces (la 1re avec *dédicace*).

20 *bis*. Étude pour les *Fleurs du Mal*. DESSIN. Signé et daté : *18 juillet 1906*.

21. Essais de vernis mou et de pointe sèche, 7 pièces, *signées*.

22. Sujets divers, ex-libris, reproduction, etc., 17 pl.

ROPS (Félicien)

23. Un cadre contenant un portrait de Rops, par A. de Witte et 6 lettres autographes de Rops.

24. Frontispice pour les « Propos d'un Peintre », d'H. Detouche. DESSIN au crayon rehaussé d'aquarelle. *Signé*. Encadré.

25. L'Experte en dentelles (58-594). Très belle épreuve sur japon, *avec dédicace* de Mme C. Demolder-Rops, 1911.

26. Le Doigt dans l'œil (99-791). Très belle épreuve sur japon, *rehaussée* et *signée*.

27. Le Vol et la Prostitution dominant le Monde (144-863). Belle épreuve, *signée* (doublée).

27 *bis*. Le Sphinx, grande pl. (149). Bonne épreuve, *signée*.

28. Les Sataniques (223-227). Suite de 5 pl. Belles épreuves (4 sur japon).

29. Voyage au pays des vieux dieux (228). Très belle épreuve sur japon.

30. Diane (229) — A vous, général ! (238). Deux pièces. Très belles épreuves sur japon.

31. En Visite (241). Epreuve sur japon.

32. Impudence (243). Belle épreuve (1er état ?) sur japon.

33. Louis XIV ! (R. 245 M. 719). Très belle épreuve du 1er état.

34. Ma Fille, M. Cabanel (246). Très belle épreuve sur japon, *signée*.

35. La Joueuse de flûte (253) — L'Organiste du Diable (256). Deux pièces. Très belles épreuves sur japon.

36. Ève (260). Superbe épreuve.

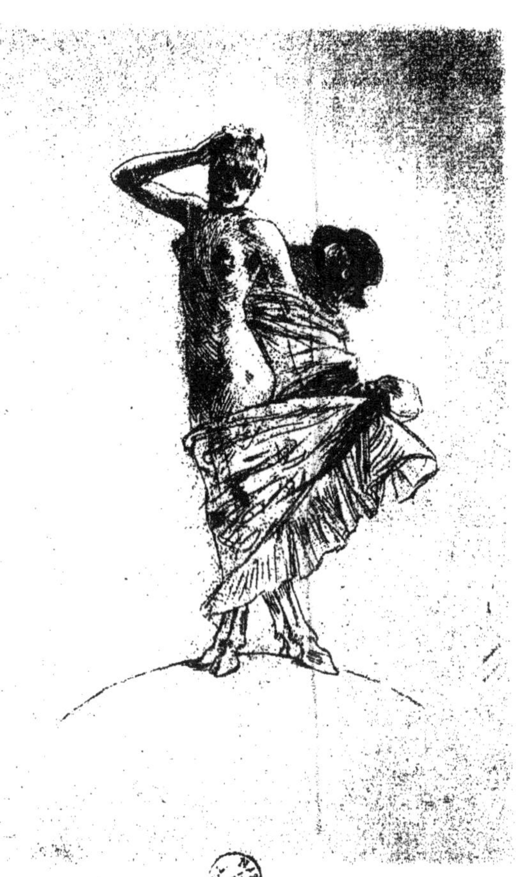

N° 27 du Catalogue.

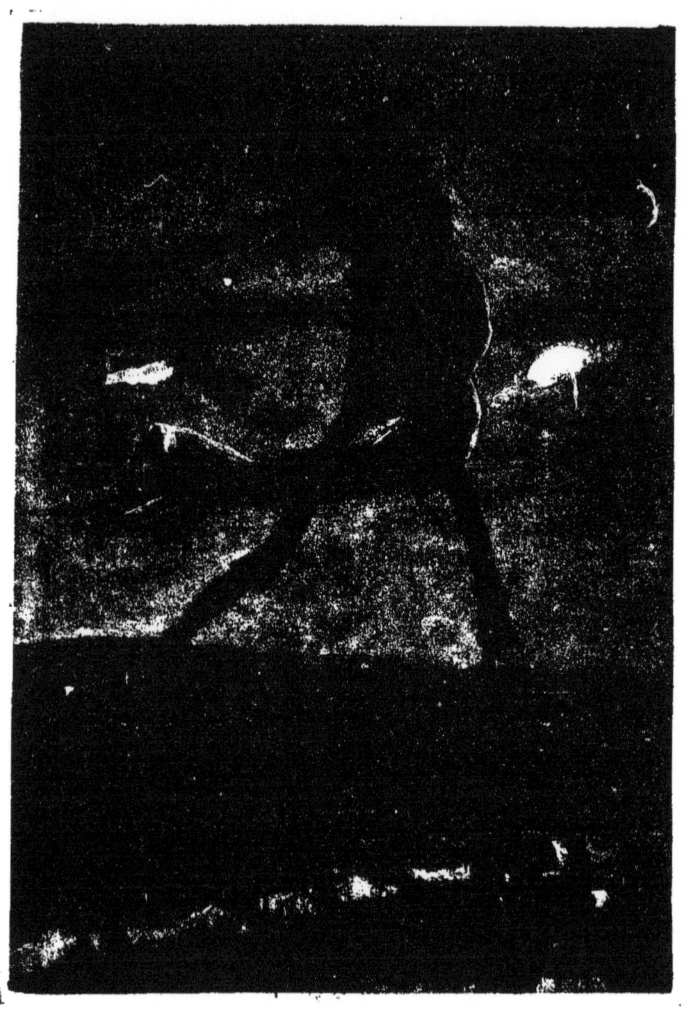

N° 28 du Catalogue.

37. Le Pêcher mortel (266). Superbe épreuve du 1er état, *signée*.

38. Madeleine (271). Très belle épreuve sur japon.

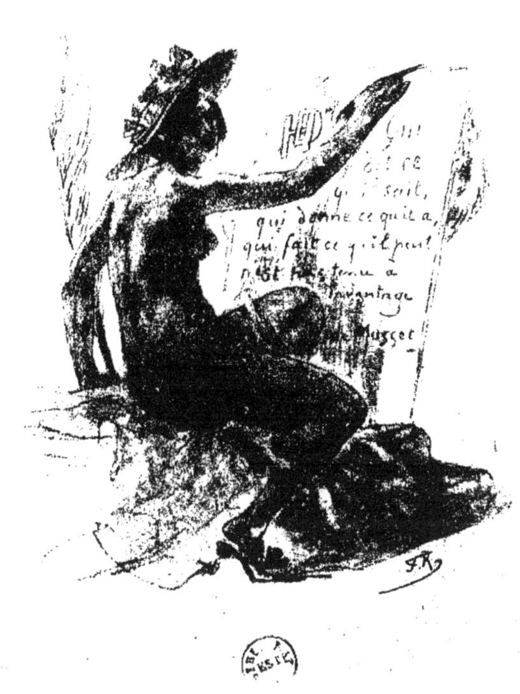

N° 24 du Catalogue.

39. Le Roman d'une nuit (527-835). Très belle épreuve.

40. Le Coup de la Jarretière (560-882). Très belle épreuve.

41. Speculum (598-914) — Linguistique (599-915). Deux pièces. Superbes épreuves, *signées*.

42. La Grande Lyre, grande pl. (636-894). Très belle épreuve du 1er état.

43. Centauresse (677-963). Très belle épreuve, *signée*.

44. Pêcher mortel, petite planche. Superbe épreuve.

45. *Eritis Similis Deo*. Belle épreuve avec dédicace : *Félicien Rops-Duluc*. Sous-verre.

46. Frontispices et pièces diverses. Dix-sept pièces par et d'apr. Rops.

47. La Demi-Lune, maison de Félicien Rops. Crayon avec rehauts, par H. Detouche. *Signé*.

48. Lettres *autographes*, de Félicien Rops, adressées à Henry Detouche. Dossier de 50 lettres, billets et cartes, auxquelles on a joint une lettre de Mme Rops et 5 lettres de Eugène Demolder.

49. *Supplément de l'Œuvre gravé de Félicien Rops*, par Erastène Ramiro (Rodrigues), Paris, Floury, 1895 — 1 vol. in-8, dédicace grattée.

50. Félicien Rops, par Erastène Ramiro (Rodrigues) — Paris, Pellet et Floury, 1905 — 1 vol. in-8, broché.

51. *Félicien Rops, l'Homme et l'Artiste*, par Camille Lemonnier. Paris, H. Floury, 1908. — 1 vol. gr. in-8, broch.

TRUCHET (Abel)

52. Dans le Parc de Versailles, épr. d'*essai, dédicace*.

WILLETTE (Adolphe)

53. La Dinette. A la plume, lavé d'aquarelle. *Signé*. Encadré.

54. L'Obsession à la croix, 24 juillet 1904. Au crayon bleu. *Signé.* Sous-verre.

55. *Possible que j' soye hors la loi...* A la plume. *Signé. Avec dédicace.*

56. *Rue Lafuite.* A la plume, rehaussé d'aquarelle. *Signé.* Encadré.

57. 1re idée de la *Glorification de Marie-Antoinette*, dessus de porte pour M. Th. Belin. Plume et crayon bleu. *Signé, dédicace.* Encadré.

58. L'Epouvantail — La Ceinture de chasteté, *avec dédicace* — La Vache enragée, etc., 5 pièces. Belles épreuves (3 *signées*).

59. *Œuvres choisies.* Paris, H. S. Empis, 1901. 1 vol. in-8, avec *croquis original* sur le faux-titre, *dédicace.*

ŒUVRES
D'HENRY DETOUCHE

PASTELS

60. Portrait de Femme, en buste. *Signé*. Encadré.
61. Jeune Femme à la mantille. *Signé*. Encadré.
62. Profil perdu. *Signé*. Encadré.

AQUARELLES

63. Hélène B***. *Signée*.
64. Sourire, 1891. *Signée*. Encadrée.
65. Sur la Terrasse, 1887. *Signée*.
66. L'Ombrelle japonaise, 1887. *Signée*.
67. Deux Chattes. *Signée*.
68. Maestero. *Signée*. Encadrée.
69. Le Corset. Signée.
70. Repos. Signée.
71. Décor oriental. *Signée*.
72. Orientale assise. *Signée*.
73. Le Citron. *Signée*. Encadrée.
74. Mélancolie. *Signée*. Encadrée.
75. Le Dessert du dessert. *Signée*. Encadrée.
76. Lecture. *Signée*.

77. Jeune Femme au turban. *Signée.*

78. Sourire. *Signée*

79. Une Contemporaine. *Signée.*

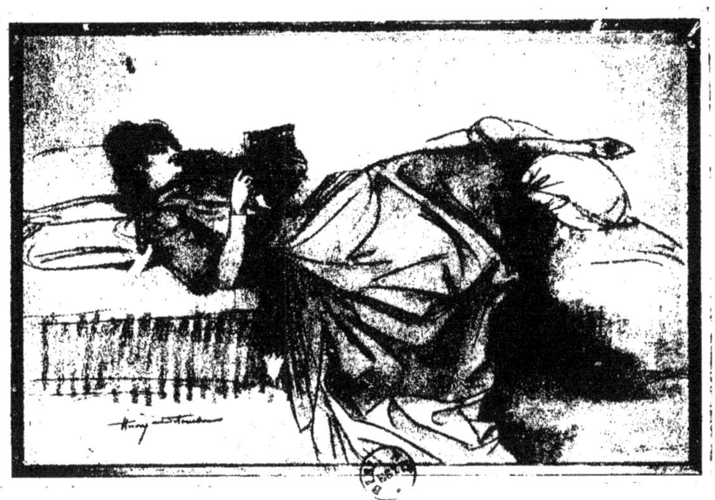

N° 109 du Catalogue.

80. Viorica, jeune roumaine. *Signée.*

81. La Greffe, *Signée.*

82. Orchestre des Viennoises, Lucerne, Juillet 1886. *Signée.*

83. La Modiste. *Signée.* Encadrée.

84. Jeune Fille à la mantille verte. *Signée.* Encadrée.

85. Dans les Fleurs. *Signée.* Encadrée.

86. Chez l'artiste. *Signée.* Encadrée.

87. La Chaussure. *Signée.* Encadrée.

88. Le Modèle. *Signée.* Encadrée.

89. Espagnole. *Signée.* Encadrée.

90. Danseuse Espagnole. *Signée.* Encadrée.

91. Parc de Versailles, 3 aquarelles, *signées.*

92. Gisors, ruines du château. Deux aquarelles. *Signées.*

93. A Vaujours. *Signée.*

94. Plages et paysages de Bretagne. Six aquarelles.

95. Notre-Dame de la Clarté (Côtes-du-Nord). *Signée.*

96. Grand Canal, Venise. Deux aquarelles. *Signées.*

97. Piazza del Erbe, Vérone. *Signée.*

98. Rouda, Espagne. Deux aquarelles. *Signées.*

99. Plage fleurie. *Signée.*

100. La Rivière — La Mare — Marécage. Trois aquarelles. *Signées.*

101. Cour de Ferme. *Signée.*

102. Nature morte (Chat et vase). *Signée.* Encadrée.

103. Natures mortes. Deux aquarelles.

104. Pivoines et pensées — Le Vase de Fleurs. Deux aquarelles.

105. Fleurs. Deux aquarelles. *Signées.*

DESSINS

106. Le Chapeau à plumes. Aux crayons de couleurs. *Signé.*

107. Mlle Marguerite C***, modiste. Crayon noir.

108. Mlle A***, juin 1910. Sanguine et crayon noir.

109. Le Page attachante. Crayon noir rehaussé de couleurs.

110. Bayadère. Aux crayons de couleurs.

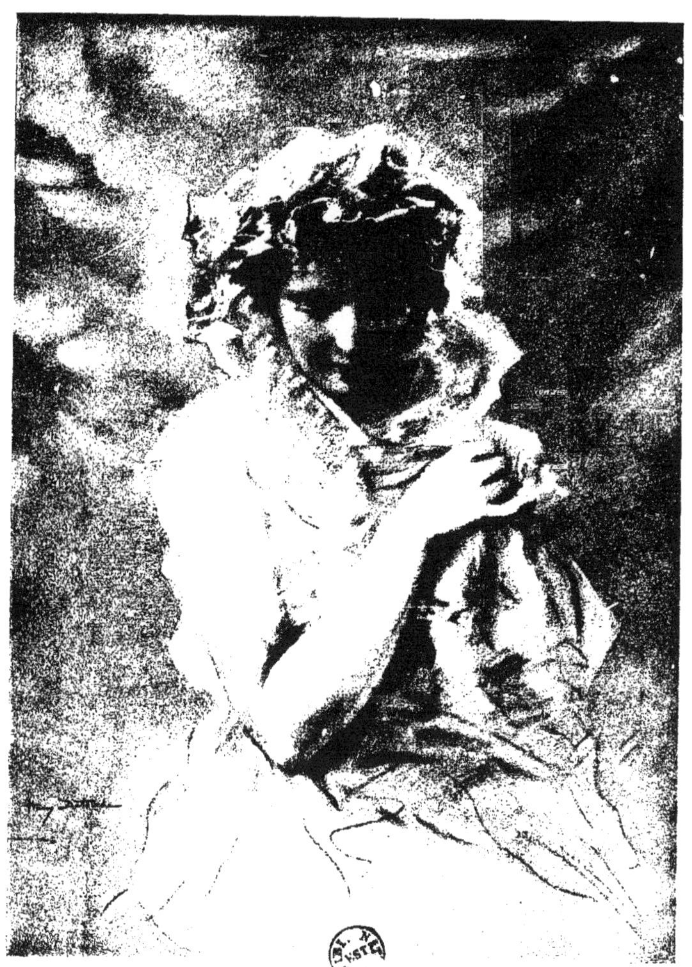

N° 61 du Catalogue.

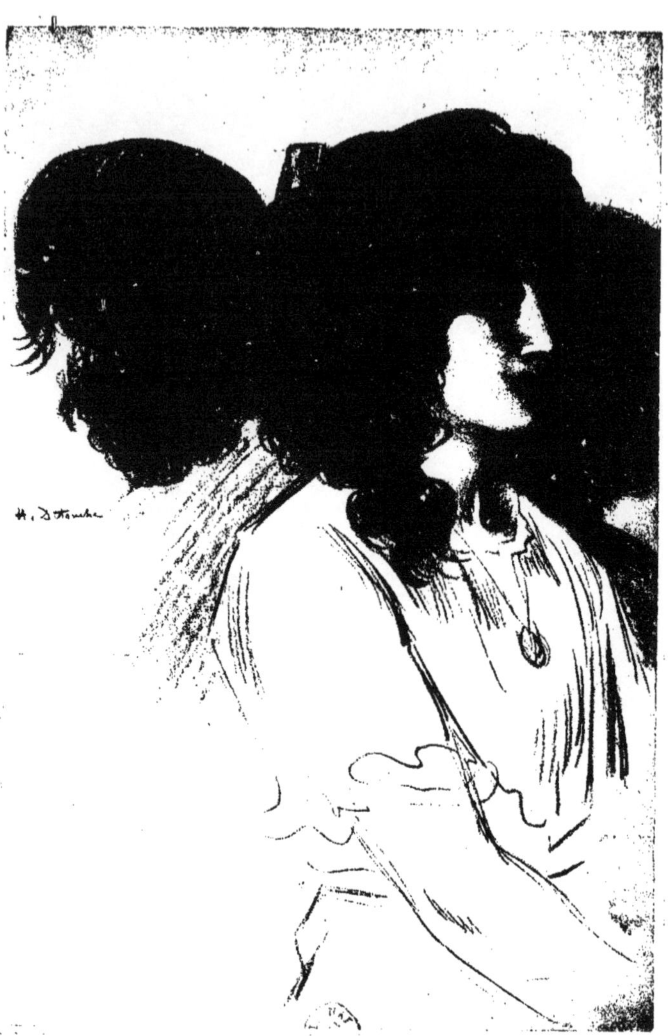

N° 106 du Catalogue.

111. La Harpiste. Crayon noir avec rehauts de blanc.

112. Mlle Stasia Napierkowska, danseuse de l'Opéra-Comique. Crayon noir, avec rehauts de crayons de couleurs, et *dédicace* du personnage à l'artiste.

113. Deux Amies : Causerie — Abandon — Confession Effusion. Quatre dessins à la sanguine, avec rehauts de blanc et de crayon noir. *Signés.*

114. Far-Niente. Deux dessins à la sanguine. Signés.

115. Mlle Juanita de Frezia. Deux dessins aux 3 crayons, *signés.*

116. A l'Atelier. Crayon noir avec rehauts d'aquarelle.

117. Espagnole à la mantille, crayon noir avec rehauts de blanc. *Signé.*

118. L'Espiègle. A la sanguine. *Signé.*

119. Sieste. Aux crayons de couleurs. *Signé.* Encadré.

120. Variations sur le Thème Féminin, 9 dessins, crayon noir et sanguine.

121. Féminités, 20 dessins, crayon noir ou sanguine.

122. Les Jarretelles. Aux crayons de couleurs. *Signé.*

123. Sur la Véranda. Crayon noir. *Signé.*

124. Suzanne Gob, de Liège. Sanguine et crayon noir. *Signé.*

125. Enfants, 2 médaillons. Aux trois crayons.

126. La Femme au chien. Huit dessins aux crayons de couleurs. *Signés.*

127. Bustes de Femmes. Six dessins de forme ovale, aux crayons de couleurs.

128. Danseuses. Neuf dessins, crayon noir et sanguine.

129. A la Gloire du Chat, 45 dessins et croquis.

130. Dans le Parc du Val de la Haye. Deux dessins à la sanguine. *Signés.*

131. Danses exotiques, environ 100 dessins et croquis.

132. Vues de Montmartre : Rue Cortot — Moulin Debray — Rue des Saules, etc. Douze dessins au crayon noir. *Signés.*

133. Types d'Espagne. Vingt-deux dessins au crayon noir, sur papier gris, plusieurs avec rehauts de crayons de couleurs.

ESTAMPES

EAUX-FORTES — POINTES SÈCHES

134. A la Gloire du Chat, 8 épreuves.

135. A Marier, 2 épreuves — Amours de jadis, 6 épreuves. Ensemble 8 pièces.

136. L'Ange plumé, DESSIN et 13 épreuves.

137. L'Armoire aux Amours. DESSIN et douze épreuves de divers tirages.

138. La Balançoire, 2 pl. différentes, 7 épreuves.

139. Belles de nuit. Six épreuves.

140. Buste de Femme, 7 épreuves.

141. La Cangue, DESSIN et gravure, 18 épreuves.

142. Cauchemar, deux DESSINS et 8 épreuves.

143. La Cigarette, 8 épr. *tirées en sanguine* ou *en couleurs, signées.*

144. Les Cinq sens, DESSIN et 24 épreuves.

145. Deux sœurs. Epreuve encadrée.

146. Deux Sœurs, 8 épreuves tirées en divers tons, *signées* (sauf une).

147. Diable au corps, 1885, 10 épreuves.

148. Ebat matinal, DESSIN et épreuve.

149. Ebat matinal, 25 épreuves.

150. Espièglerie, DESSIN et 4 épreuves.

151. Féminités, suite de 4 pl. Très belle épreuve, *imp. en couleurs, signées et numérotées.*

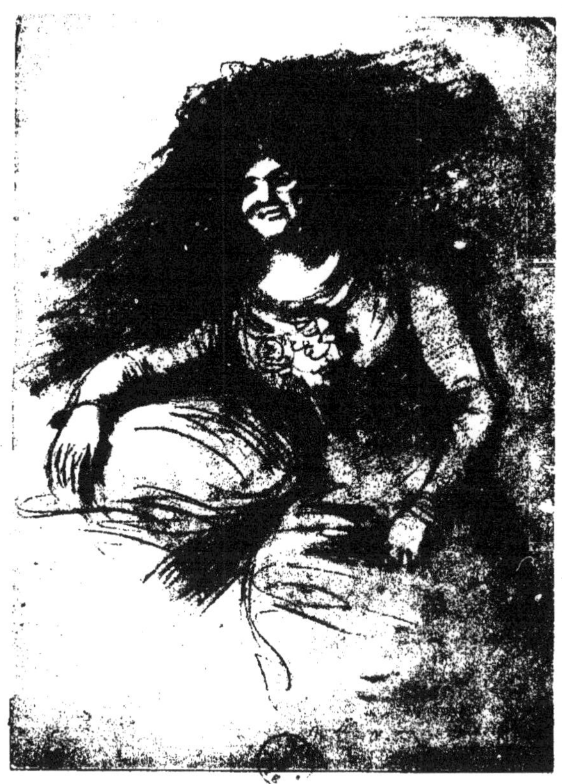

N° 108 du Catalogue.

152. La même série, 24 épreuves.

153. La Femme au chat, 8 épr. de divers tirages — Femme au paon, 8 épr., soit ensemble 16 pièces.

154. Gardant sa maîtresse, 5 épreuves (une encadrée).

155. Impression d'Espagne, 10 cadres renfermant 30 pièces, la plupart *imp. en couleurs.*

156. Impression d'Espagne. Vingt pièces. Très belles épreuves, *imp en couleurs* (sauf une), *signées.*

157. Impression d'Espagne, 200 épreuves.

158. Juana l'Andalouse, 5 épreuves (4 en couleurs).

159. Liberté — Égalité — Fraternité, 60 épreuves tirées en couleurs (3 sur satin).

160. La Luxure; DESSIN et seize épreuves.

161. La Mare aux Fées, 15 épreuves.

162. Nuque blonde, 14 épreuves.

163. Obscur destin (Maria Czigany, bohémienne), 5 épreuves *tirées en tons différents.*

164. Parisiennes à la mer, 6 épreuves (une encadrée).

165. Les Péchés capitaux, 70 épreuves de tirages différents.

166. Perversité, 3 épreuves — Le Page, 3 épreuves, soit 6 pièces.

167. *Petite Torture* ou *Ah! le Maladroit!* DESSIN et gravure, 4 épreuves.

168. La Première Fois, 9 épreuves.

169. Préparant son brevet, 3 épreuves.

170. La Purissima, souvenir d'Espagne, 12 épreuves, *signées.*

171. Roumaine jouant de la Guyla, 4 épreuves.

172. Salambo aux Quat'Zarts, DESSIN et 11 épr. en couleurs.

173. Satisfaction, 4 épreuves.

174. Semeuse de Rêves, DESSIN et 6 épreuves, *signées.*

175. Senoritas à la Feria, DESSIN AQUARELLÉ et 8 épreuves (3 tirées *en couleurs*), *signées*.

176. Le Sopha, 2 épreuves.

177. Souvenir de Hollande, 5 épreuves — Mer farouche, 4 épreuves, soit 9 pièces.

178. Souvenir du Caire, 14 épreuves.

179. Le Tennis, 3 épr. *imp. en couleurs, signées*.

180. La Tortojada, 20 épreuves de tirages différents.

181. Trois Chattes. Cinq épreuves.

182. Venise, 4 épreuves.

183. Vision d'Automne, 9 épreuves.

LITHOGRAPHIES

184. Mlle Cakya-Mouni, lithographie, 9 épreuves.

185. La Danse, éventail, 2 pl. différentes. Quatorze épreuves, *tirées en différents tons*.

186. Danse au village, Transylvanie, lithographie, 9 épreuves sur chine.

187. M. Prudhomme en Andalousie, éventail, 11 épreuves, *tirées en couleurs*.

188. Paysage d'hiver, lithographie. DESSIN et 7 épreuves sur chine.

189. Menu des Peintres-lithographes, 10 épreuves sur chine.

190. Reflet, lithographie, 16 épreuves sur chine.

191. Sylvia. Epreuve tirée en bistre. Encadrée.

192. La même estampe, 29 épreuves sur chine.

LIVRES ET MANUSCRITS

193. *De Montmartre à Montserrat, illustrations de l'auteur.* Paris, 1889. 1 vol. in-8, rel. ornée avec emboitage, lettres autographes de Mistral, Rodin, Haraucourt, etc., ajoutées.

194. *Propos d'un Peintre, frontispice et préface de Félicien Rops.* Paris, 1895. 1 vol. in-8, rel. ornée avec emboitage, lettres d'Anatole France, Aug. Rodin, Pierre Loti, St. Mallarmé, Daudet, etc., ajoutées.

195. *Sous la Dictée de la Vie, préface de Maurice Barrès.* Paris, A. Blaizot, 1906. 1 vol. in-12, rel. ornée avec emboitage, lettres autographes de Mistral, Henry de Regnier et Jean Dolent, ajoutées.

196. *Félicien Rops et A. Willette.* Paris, A. Blaizot, 1906. 3 exempl.

197. *Les Grains du Sablier, avec un frontispice de A. Willette.* Paris, A. Blaizot, 1908. 1 vol. in-12, rel. ornée, lettres de Forain, Mistral, L. Benedite, Zuloaga, etc., ajoutées.

198. *Les Péchés capitaux, composition d'Henry Detouche*, poésies inédites par *Edm. Haraucourt...* Exemplaire sur japon, auquel on a joint 9 dessins originaux et les manuscrits d'Haraucourt, Verhaeren, F. de Croisset, Marc Legrand, etc.

199. Le même ouvrage, 12 exemplaires (2 sur japon).

200. Les Cinq Sens, exemplaire n° 13.

201. Quarante-sept dessins de Detouche pour son ouvrage : *le Livre de l'Aimée.*

202. Manuscrit *inédit* de « Reposoirs d'Art ».

203. Sous ce numéro, il sera vendu des notes et manuscrits d'Henry Detouche.

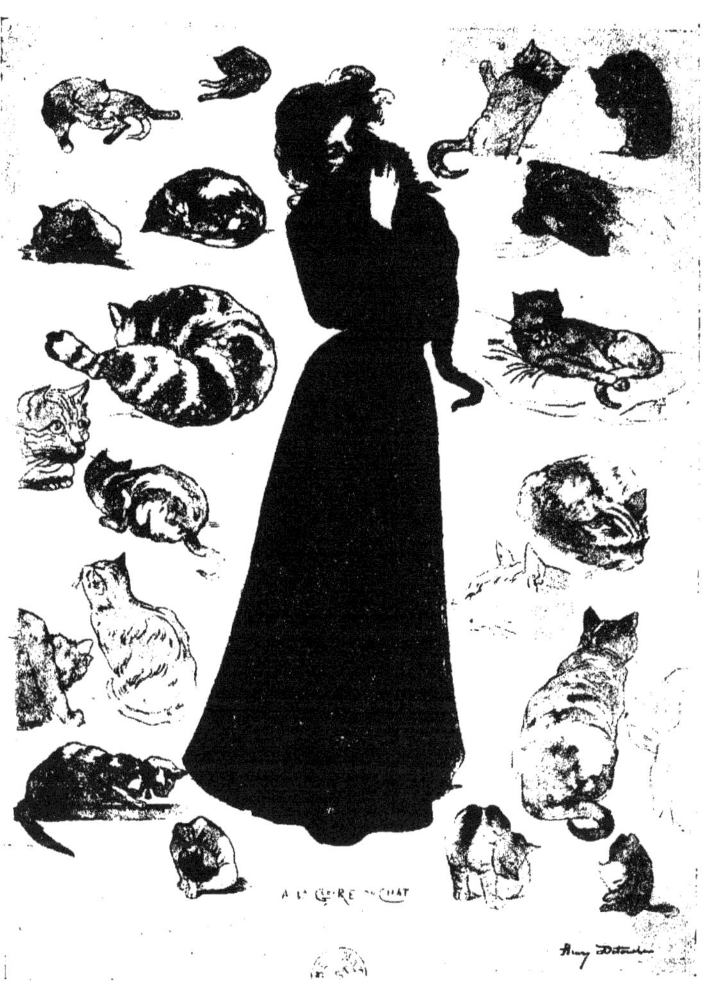

N° 134 du Catalogue

OUVRAGES DIVERS — AUTOGRAPHES, etc.

BARRÈS (Maurice) et LAFOND (Paul)

204. *Le Greco*, Paris, H. Floury, gr. in-8 broch., *dédicace de M. Barrès.*

BOURCARD (Gustave)

205. *Dessins, gouaches, estampes et tableaux du dix-huitième siècle.* Paris, D. Morgand, 1893. 1 vol. in-8 broch., *dédicace.*

DEMOLDER (Eugène)

206. *Le Royaume authentique du Grand saint Nicolas*, illustré par Rops et E. Morannes. Paris, s. d. 1 vol. gr. in-8, exempl. sur japon, avec *dédicace.*

HOTTENROTH (Frédéric)

207. Le Costume, les Armes...., Paris, Guérinet, s. d. (manque quelques pl. et feuilles de texte).

MAILLARD (Léon)

208. *Les Menus et Programmes illustrés, ouvrage orné de 460 reproductions.* Paris, Boudet, 1898. 1 vol. in-4, broch., *dédicace* de l'éditeur.

MARTHOLD (Jules de)

209. *Daniel Vierge.* Paris, H. Floury, s. d. Exempl. *avec dédicace.*

MICHEL (Emile)

210. *Rembrandt, sa vie, son œuvre et son temps.* Paris, Hachette, 1893. 1 vol. in-4, cart.

AUTOGRAPHES

211. Lettres autographes de Maurice Barrès, F. de Croisset, Jean Moréas, J. Ensor, Edm. Haraucourt, Jean Lorrain, etc.

212. Sous ce numero, il sera vendu quelques livres et brochures.

213. Les pièces omises au catalogue.

SIÈGES — MEUBLES

214. Une bergère en bois sculpté et mouluré, estampille de Séné. Epoque fin Louis XV.

215. Deux fauteuils à dossiers médaillons. Epoque Louis XVI.

216. Quatre chaises en bois peint gris, dossier ajouré. Epoque Directoire.

217. Horloge à gaine avec peinture et ornements dorés.

218. Bibliothèque a deux corps en chêne sculpté.

ÉTOFFES

219. Un lot d'étoffes anciennes et d'étoffes javanaises, madras, etc. (Sera divisé).

FRAZIER-SOYE

GRAVEUR-IMPRIMEUR

153-155-157, Rue Montmartre

PARIS

www.ingramcontent.com/pod-product-compliance
Ingram Content Group UK Ltd.
Pitfield, Milton Keynes, MK11 3LW, UK
UKHW022140260726
13993UKWH00005B/2049

9 782329 499840